AF242380
L42
6
1501

LISTE SUPPLÉTIVE

DES ÉMIGRÉS

DU

DÉPARTEMENT DU BAS - RHIN.

Vu les listes dressées les 16, 21, 28 brumaire et 5 frimaire derniers, par les Administrations municipales des cantons d'Erstein, Candel, Bouxwiller, Scherwiller et Wolffskirchen, des émigrés ci-devant domiciliés dans les communes de leurs arrondissemens; et

Ouï le Commissaire du Directoire exécutif;

L'Administration centrale du Département du Bas-Rhin arrête que les personnes ci - après dénommées sont déclarées émigrées; Savoir:

NOMS.	PRÉNOMS.	SURNOMS.	Ci-devant QUALITÉS ou PROFESSIONS.
Amer	Joseph . . .	. . . .	garçon-cloutier . . .
Assel	Antoine . .	. . . .	garçon-tailleur . . .
Assel	François . .	. . . .	idem . . . .
Apffel	Eve-Élisabeth .	femme de Laquet . .	. . . . . .
Antoine	Apollonie . .	fille	. . . . . .
Adam	Joseph . . .	. . . . . .	maître-d'école . . .
Aron, veuve . .	Madelaine . .	née Diebold . .	. . . . . .
Aron, son fils . .	Lambert . .	. . . . . .	. . . . . .
Aron, sa fille . .	Josèphe . . .	. . . . . .	. . . . . .
Aron, sa fille . .	Madelaine . .	. . . . . .	. . . . . .
Aron, son fils . .	Antoine . .	. . . . . .	. . . . . .
Aron, sa femme .	N. N. . .	. . . . . .	. . . . . .
Ansel	Antoine . .	. . . . . .	tonnelier . . . .
Antoine	Joseph . . .	. . . . . .	vigneron . . .
Albrecht	Ulrich . . .	fils d'Ulrich . . .	canonier au ci-d. régim. de Strasbourg. . .
Barron	Antoine . .	le jeune . . .	garçon-tisserand . . .
Beck	Barbe . .	fille	. . . . . .
Beck	Barbe . .	femme de Michel . .	. . . . . .
Beck	Jean . . .	. . . . . .	garçon laboureur . .
Beck	Marguerite .	fem. de Jacques Han-hauser . . .	. . . . . .
Butscher	Henri . .	. . . . . .	serrurier . . . .
Butscher, sa femme .	Anne-Marie .	née Sell . . .	. . . . . .
Butscher, leur fille .	Apollonie .	. . . . . .	. . . . . .
Butscher, leur fille .	Anne-Marie .	. . . . . .	. . . . . .
Butscher, leur fille .	Barbe . .	. . . . . .	. . . . . .
Butscher, leur fils .	Joseph . .	. . . . . .	garçon-laboureur . .
Butscher, leur fille .	Marguerite .	. . . . . .	. . . . . .
Butscher, leur fille .	Marie-Eve .	. . . . . .	. . . . . .
Butscher, leur fils .	Joseph . .	. . . . . .	. . . . . .
Butscher, leur fils .	Michel . .	. . . . . .	. . . . . .
Boe	Françoise .	fem. de Christ. Gerst.	. . . . . .
Butscher	Jean . . .	le jeune . . .	maçon . . .
Butscher, sa femme .	Marie-Barbe .	née Dœrffler . .	. . . . . .
Butscher, leur fils .	Jean . . .	. . . . . .	. . . . . .
Butscher, leur fils .	Michel . .	. . . . . .	garçon-maçon . . .
Butscher, leur fils .	Philippe . .	. . . . . .	garçon-tailleur . . .
Butscher	George-Joseph .	fils de Jacques . .	garçon-maçon . . .
Burr	Louis . . .	. . . . . .	cordonnier . . .
Burr, sa femme . .	Madelaine .	née Centner . .	. . . . . .
Boe	Jean . . .	. . . . . .	marchand . . .
Boe, sa fille . .	Françoise .	. . . . . .	. . . . . .
Berther	Eve-Catherine .	f. d'And. Burckbügler .	. . . . . .

DERNIER DOMICILE.		COMMUNES dans lesquelles ils ont des biens.	ÉPOQUE de leur ABSENCE.	Observations.
COMMUNES.	CANTONS.			
Candel	Candel		6 nivôse, an 2.	déserteur.
Hatzenbühl	idem		au commencement de la révolution.	
idem.	idem		26 décembre 1793.	
Freckenfeld	idem		24 décembre 1793.	
Jockgrim	idem		6 nivôse, an 2.	
Minfeld	idem		27 décembre 1793.	
Neuviller	Bouxwiller	Neuviller	19 novemb. 1793.	
idem	idem	Bochsmühl, près Neuwiller	idem.	
idem	idem	idem	idem.	
idem	idem	idem	idem.	
idem	idem	idem	idem.	
idem	idem	idem	idem.	
Dieffenthal	Scherwiller	Scherwiller et Dieffenthal	depuis 1785.	
Scherwiller	idem		août 1793.	
Dambach	idem		en 1792.	
Candel.	Candel.	Candel	6 nivôse, an 2.	
idem	idem		idem.	
idem	idem		idem.	
idem	idem		idem.	
Minderlachen	idem		idem.	
Candel	idem	Candel	idem.	
idem	idem		idem.	
idem	idem		idem.	
idem	idem		idem.	
idem	idem		idem.	
idem	idem		idem.	
idem	idem		idem.	
idem	idem		idem.	
idem	idem		idem.	
idem	idem	Minfeld	idem.	
idem	idem		idem.	
idem	idem		idem.	
idem	idem		idem.	
idem	idem		idem.	
idem	idem	Candel.	idem.	
idem	idem		idem.	
Freckenfeld	idem		24 décembre 1793.	
idem	idem		idem.	
Jockgrim	idem		12 avril 1793.	

NOMS.	PRÉNOMS.	SURNOMS.	Ci - devant QUALITÉS ou PROFESSIONS.
Bender	François		forestier
Beck	George-Jacques.		garçon-laboureur
Burckbügler	André		cultivateur
Burckbügler, sa femme.	Eve-Catherine.	née Berther	
Burckbügler, leur fils	François.		garçon-laboureur
Burckbügler, leur fils	Joseph		idem
Burckbügler, leur fille.	Marie-Eve		
Blanto.	Adam		
Bourg.	Frédéric		chasseur d'infant. légère
Bæumler	Jean-Baptiste		greffier de la justice de paix
Bæumler, sa femme	Marie-Anne	née Hæffelin	
Bæumler, leur fils	George		homme de lettres
Bæumler, leur fille.	Marguerite		
Brotz	Elisabeth	f. de Valentin Ziegler.	
Brotz	Elisabeth		journalière
Bürckel	George-Adam		tailleur
Bürckel, sa femme.	Elisabeth	née Lutz	
Bürckel	Vendelin		garçon-laboureur
Bolz	Michel		journalier
Breitner	Thérèse	f. de Michel Hoffmann	
Beck	Jean		garçon-tisserand
Beck	Sébastien		idem
Beck	Wendel		garçon-chirurgien
Bernard	Valentin.		garçon journalier
Bibus	François-Louis.		garçon-tisserand.
Bibus	Michel		garçon-journalier
Bœhles	Valentin		garçon-tisserand
Burghard	Marguerite	fem. de Christ. Rinck.	
Brecht.	Guillaume		journalier
Brecht, sa femme	Marie-Anne	née Frech	
Brecht, sa fille.	Marguerite		
Besnard	Michel-Domin.		bailli
Baltzer.	Franç.-Joseph		ex-curé
Breiner	Jean		ex-prêtre
Boug	François - Ant. Xavier.		ci-d. Seigneur d'Orschviller
Beck	Antoine		vigneron.
Bürling	Anne-Marie		servante
Bottemer	Thérèse.		couturière
Bechtel	Jean		cloutier
Bechtel	Martin		idem.
Bannwarth	Jacques		ex-récollet
Bannwarth	Ignace	fils de Martin	garçon-boucher.

DERNIER DOMICILE.		COMMUNES dans lesquelles ils ont des biens.	ÉPOQUE de leur ABSENCE.	Observations.
COMMUNES.	CANTONS.			
Jockgrim	Candel.	Jockgrim	6 nivôse, an 2.	
idem	idem	.	7 avril 1793.	
idem	idem	Jockgrim	12 avril 1793.	
idem	idem	.	idem.	
idem	idem	.	idem.	
idem	idem	.	idem.	
idem	idem	.	idem.	
idem	idem	.	.	déserteur.
Minfeld	idem	.	27 décemb. 1793.	déserteur.
idem	idem	Minfeld, Freckenfeld, Schaid, Wolmersw., Steinfeld, Salmbach.	idem.	
idem	idem	idem	idem.	
idem	idem	.	idem.	
idem	idem	.	idem.	
Wœrth	idem	.	27 décembre 1793.	
idem	idem	.	idem.	
idem	idem	.	idem.	
idem	idem	.	idem.	
idem	idem	.	idem.	
Rheinzabern.	idem	Rheinzabern.	23 idem.	
idem.	idem	.	idem.	
Schaidt	idem	.	26 décembre 1793.	
idem.	idem	.	idem.	
idem.	idem	.	idem.	
idem.	idem	.	idem.	
idem.	idem	.	idem.	
idem.	idem	.	idem.	
idem.	idem	.	idem.	
idem.	idem	.	idem.	
idem.	idem	.	idem.	
idem.	idem	.	idem.	
Bouxwiller	Bouxwiller	.	en 1791.	
Blienswiller	Scherwiller	Blienswiller	en 1792.	
idem.	idem	.	idem.	
Orschwiller	idem	Orschwil. etSchlestatt	en 1790.	
Dieffenthal	idem	Dieffenthal et Dambach	août 1787.	
idem.	idem	.	1792.	
Scherwiller	idem	.	août 1793.	
idem.	idem	Scherwiller	en 1788.	
idem.	idem	idem	idem.	
Châtenois.	idem	.	en 1792.	
idem.	idem	.	1791.	

NOMS.	PRÉNOMS.	SURNOMS.	Ci-devant QUALITÉS ou PROFESSIONS.
Blumstein	Bartholomé. .	fils de Jean-George .	canonier au ci-d. régiment de Strasbourg. .
Bourrus	Étienne. . .	fils d'Étienne . . .	vigneron. . . . .
Centner	Hélène. . .	fem. de Michel Wolff, le jeune. . . .	. . . . . .
Centner	Charles . . .	. . . .	garçon-cordonnier .
Centner	Jean-François .	. . . .	idem . . . .
Centner	Jean-Martin. .	. . . .	idem . . . .
Centner	Louis . . .	. . . .	idem . . . .
Centner	Madelaine . .	femme de Louis Burr.	. . . . . .
Cambeiss	Jean . . .	. . . .	cultivateur et auberg.
Cambeiss, sa femme	Régine . .	née Schæffer . . .	. . . . . .
Cambeiss, leur fils .	Antoine. . .	. . . .	. . . . . .
Cambeiss, leur fils .	Jean-George .	. . . .	. . . . . .
Cambeiss, leur fille.	Marie-Elisabeth.	. . . .	. . . . . .
Cambeiss, leur fille.	Otile . . .	. . . .	. . . . . .
Cambeiss, leur fils .	Pierre . . .	. . . .	. . . . . .
Cambeiss	Elisabeth . .	femme de Philippe Pangert	. . . . . .
Cambeiss	Jacques . . .	. . . .	tisserand . . . .
Cambeiss, sa fille .	Elisabeth . .	. . . .	. . . . . .
Cambeiss, sa fille .	Chrétienne . .	. . . .	. . . . . .
Cambeiss, sa fille .	Marie-Elisabeth	. . . .	. . . . . .
Chœner	Catherine . .	femme de George-Jacq. Lehmann . .	. . . . . .
Clergé	Joseph . . .	. . . .	thuillier. . . .
Caspar.	George . . .	. . . .	soldat. . . .
Dénies	George-Adam .	. . . .	garçon-laboureur .
Dénies	Ignace . . .	. . . .	idem . . . .
Dénies	Louis . . .	. . . .	garçon-tisserand .
Dœrffler	Jean . . .	. . . .	ferblantier . . .
Dœrffler, sa femme	Marie-Barbe .	née Wilmayer . . .	. . . . . .
Dœrffler, leur fils .	Antoine. . .	. . . .	garçon-ferblantier .
Dœrffler, leur fils .	Chretien. . .	. . . .	idem . . . .
Dœrffler, leur fils .	George . . .	. . . .	idem . . . .
Dœrffler	Barbe . . .	femme de George-Riedinger . . .	. . . . . .
Dœrffler	Marie-Barbe .	fem. de Jean Butscher.	. . . . . .
Doppler	André . . .	fils de Martin . . .	garçon-tisserand .
Dudenhœffer. . .	Eve . . .	femme de Frédéric-Adam Liebel . .	. . . . . .
Drœsch	George . . .	. . . .	tailleur d'habits. .
Dieterich. . . .	Jacques . .	. . . .	forestier. . . .
Dauth.	Madelaine . .	fille	. . . . . .
Diebold	Madelaine . .	veuve de Michel Aron	. . . . . .
Duttenbach . . .	Bernard . . .	. . . .	jardinier . . .
Drolenveaux. . .	Marie-Cécile .	veuve d'Ignace Geiger d'Ingwiller . . .	. . . . . .

DERNIER DOMICILE.		COMMUNES dans lesquelles ils ont des biens.	ÉPOQUE de leur ABSENCE.	Observations.
COMMUNES.	CANTONS.			
Dambach . . .	Scherwiller . .	Dambach . . .	en 1792.	
idem . . .	idem . . .	idem . .	idem.	
Candel . . .	Candel		6 nivôse, an 2.	
idem . . .	idem		idem.	
idem . . .	idem		idem.	
idem . . .	idem.		idem.	
idem . . .	idem.		idem.	
idem . . .	idem.		idem.	
Minfeld . . .	idem . . .	Minfeld . . .	27 décembre 1793.	
idem . .	idem		idem.	
idem . .	idem		idem.	
idem . . .	idem		idem.	
idem . . .	idem		idem.	
idem . . .	idem		idem.	
idem . . .	idem		idem.	
idem . .	idem		idem.	
idem . .	idem . . .	Minfeld . . .	idem.	
idem . . .	idem		idem.	
idem . . .	idem		idem.	
idem . . .	idem		idem.	
Wœrth . . .	idem		idem.	
Dosenheim . .	Bouxwiller		19 novemb. 1793.	
Châtenois. . .	idem		en 1793.	
Candel . . .	Candel.		6 nivôse, an 2.	
idem . . .	idem		idem.	
idem . . .	idem		idem.	
idem . . .	idem . .	Candel. . . .	idem.	
idem . . .	idem		idem.	
idem . . .	idem		idem.	
idem . . .	idem		idem.	
idem . . .	idem		idem.	
idem . . .	idem		idem.	
Candel . . .	idem		idem.	
Hatzenbühl . .	idem		26 décembre 1793.	
Langenberg . .	idem		6 nivôse, an 2.	
Kirrwiller . .	Bouxwiller		24 novemb. 1793.	
Bouxwiller . .	idem		an 4 de la Rép.	
idem . . .	idem		29 novemb. 1793.	
Neuwiller . .	idem		idem.	
idem . . .	idem		idem.	
idem . .	idem . .	Neuwiller. . .	idem.	

NOMS.	PRÉNOMS.	SURNOMS.	Ci-devant QUALITÉS ou PROFESSIONS.
Elias	Marie-Anne	fem. de Pierre Krell	
Elias	Martin		garçon-charpentier.
Enaux	Louis		
Fels	Jean-Jacques		garçon-charpentier.
Ferner	Valentin		soldat
Ferner, sa femme	Eve-Catherine	née Koch	
Ferner, leur fille	Catherine		
Fischer	Jacques		garçon-laboureur
Filian	Jacques		menuisier
Fordren	Pierre		garçon-forestier
Fuhr	Jean-Baptiste		garçon-laboureur
Fuhr	Martin		idem
Frech	Philippe		garçon-meunier
Fahn	Jean-Jacques		garçon-tourneur
Franck	George Adam		garçon écorcheur
Franck	Jean		idem
Franck	Ulric		idem
Frech	Marie-Anne	f. de Guillaume Brecht	journalière
Frech	Jean		garçon-journalier
Fischer	Franç.-Antoine		canonier au ci-d. régiment de Strasbourg.
Glauck	Michel		tisserand et aubergiste.
Glauck, sa femme	Anne-Barbe	née Sell	
Glauck, leur fille	Eve		
Glauck, leur fils	George		garçon-tisserand
Glauck, leur fils	Jean		idem
Glauck, leur fille	Marguerite		
Glauck, leur fille	Marie-Anne		
Glauck, leur fils	Michel		garçon-tisserand
Gerst	Françoise	née Boe	
Gerst, son fils	Antoine	fils de Christophe	garçon-tanneur.
Gerst, son fils	Michel	fils du même.	
Glæsinger	Philippe		garçon-cordonnier.
Getto	Marie-Eve	fem. de Jean Schmuckel, le jeune.	
Geiger	Valentin		
Grinert	Mathieu		cordier
Gold	Jean-Jacques		
Guahn	Jacques		maréchal
Gein	Gaspard		garçon-laboureur
Gein	Marguerite	fille	
Goltaté	Jean		garçon-laboureur
Goltaté	Nicolas		idem
Goltaté	Sébastien		idem
Günther	Salomé	fille d'Antoine.	
Gerach	Françoise	veuve	journalière
Gerach, sa fille	Catherine		
Gerach, sa fille	Julienne		

DERNIER DOMICILE.		COMMUNES dans lesquelles ils ont des biens.	ÉPOQUE de leur ABSENCE.	Observations.
COMMUNES.	CANTONS.			
Schaidt	Candel.		26 décembre 1793.	
idem	idem		idem.	
Châtenois.	Scherwiller		en 1792.	
Candel.	Candel		6 nivose, an 2.	
idem.	idem		idem.	
idem.	idem		idem.	
idem.	idem		idem.	
idem	idem		idem.	
idem.	idem		idem.	
Langenberg	idem		idem.	
Candel.	idem		idem.	
idem	idem		idem.	
Vollmerswiller	idem		idem.	
Jockgrim	idem		7 avril 1793.	
idem	idem		idem.	
idem.	idem		6 nivôse, an 2.	
idem.	idem		7 avril 1793.	
Schaidt	idem		26 décemb. 1793.	
idem.	idem		idem.	
Dambach.	idem	Zellwiller.	en 1792.	
Minderslachen	idem	Candel	6 nivose, an 2.	
idem.	idem		idem.	
idem.	idem		idem.	
idem.	idem		idem.	
idem.	idem		idem.	
idem.	idem		idem.	
idem.	idem		idem.	
idem	idem		idem.	
Candel	idem		idem.	
idem	idem		idem.	
idem	idem		idem.	
idem.	idem		idem.	
idem.	idem		idem.	
Minderlachen	idem		idem.	déserteur.
Candel	idem		en 1793.	
Hatzenbühl	idem		26 décemb. 1793.	déserteur.
Freckenfeld	idem	Freckenfeld	21 décembre 1793.	déserteur.
Jockgrim	idem		6 nivôse, an 2.	
idem	idem		idem.	
idem	idem		1793.	soldat, désert.
idem	idem		12 novemb. 1792.	
idem.	idem		7 avril 1793.	
idem.	idem.		6 nivôse, an 2.	
Minfeld	idem	Minfeld	27 décembre 1793.	
idem	idem		idem.	
idem	idem		idem.	

B

NOMS.	PRÉNOMS.	SURNOMS.	Ci-devant QUALITÉS ou PROFESSIONS.
Gerach	Madelaine	fille de ladite veuve	
Gall	Thérèse	fem. de Martin Krieg.	
Gassert	Michel	fils de Jean	
Gattermeyer	Bernard		journalier
Geiger	Marie-Cécile	veuv., née Drolenvaux	
Geiger, sa fille	Rosalie		
Guntz	Barbe	fille	
Goldstein	George		domestique
Göttelmann	Barbe		servante
Gerber	Mathias	fils d'Étienne	marchand
Giesselbrecht	Joseph	fils de François	chasseur
Geiger	Jean-George		cloutier
Geiger	Joseph		idem
Gros	Louis		gendarme
Gros	Franç.-Michel		soldat au ci-dev. régim. Royal - Allemand
Gundram	Ignace		vigneron
Haaf	Franç.-Joseph		étudiant
Hanhauser, père	George Jacques		tisserand
Hanhauser, sa femme	Dorothée	née Schmuckel	
Hanhauser, leur fille	Elisabeth		
Hanhauser, leur fils	Antoine		
Hanhauser, père	Jacques		cultivateur
Hanhauser, sa femme	Marguerite	née Beck	
Hanhauser, leur fils	Michel		
Hanhauser, leur fils	Antoine		
Hanhauser, leur fils	Stanislas		
Haaf	Joseph		garçon-tisserand
Haaf	Marguerite	fille	
Haaf	Marie Elisabeth	fem. de Michel Wolff, le vieux.	
Hott	Anne-Marie	fille	
Hott	Michel		garçon-laboureur
Hœrauf	Chrétien		journalier
Hœrauf, sa femme	Marie-Cather.	née Martin	
Hœrauf, leur fils	Antoine		
Hœrauf, leur fille	Anne-Marie		
Hœrauf, leur fille	Catherine-Barbe		
Hœrauf	Anne-Marie	fem. d'Ant. Rinckel	
Hartmann	Jacques		garçon-journalier
Hechler	Mathieu		idem
Hürlein	Jacques		idem
Herrmann	Catherine	fille	journalière
Henigin	Antoine		garçon cultivateur
Himmelspach	George	fils de Jean.	garçon-cordonnier
Hoffmann	George-Adam		boulanger
Habs	Chrétien		garçon meunier
Hemmerlé	Jean		prêtre-refractaire

DERNIER DOMICILE.		COMMUNES dans lesquelles ils ont des biens.	ÉPOQUE de leur ABSENCE.	Observations.
COMMUNES.	CANTONS.			
Minfeld	Candel		27 décembre 1793.	
Rhinzabern	idem		23 décembre 1793.	
Neuwiller	Bouxwiller		19 novemb. 1793.	
idem	idem	Neuwiller	idem.	
idem	idem	idem	idem.	
idem	idem		idem.	
Scherwiller	Scherwiller		septembre 1793.	
Châtenois	idem		en 1793.	
idem	idem		en 1792.	
Dambach	idem	Dambach	idem.	
idem	idem	idem	en 1790.	
idem	idem		en 1793.	
idem	idem		idem.	
idem	idem		en 1792.	
idem	idem		idem.	
idem	idem		en 1791.	
Candel	Candel		6 nivôse, an 2.	
Minderlachen	idem	Candel	idem.	
idem	idem		idem.	
idem	idem		idem.	
idem	idem		idem.	
idem	idem		idem.	
idem	idem		idem.	
idem	idem		idem.	
idem	idem		idem.	
idem	idem		idem.	
Candel	idem		idem.	
idem	idem		idem.	
idem	idem		idem.	
idem	idem		idem.	
idem	idem		idem.	
idem	idem	Candel	idem.	
idem	idem		idem.	
idem	idem		idem.	
idem	idem		idem.	
idem	idem		idem.	
idem	idem		idem.	
Pfortz	idem		7 nivôse, an 2.	
idem	idem		idem.	
idem	idem		idem.	
Hatzenbühl	idem		26 décembre 1793.	
idem	idem		idem.	déserteur.
idem	idem		idem.	
idem	idem	Hatzenbühl	idem.	
Jockgrim	idem	Jockrim	idem.	
idem	idem		idem.	

NOMS.	PRÉNOMS.	SURNOMS.	Ci-devant QUALITÉS ou PROFESSIONS.
Hoffmann	Charles		garçon-laboureur
Hoffmann	Pierre		idem
Hæffelin	Marie-Anne	fem. de Jean-Baptiste Bœumler	
Hennigé	Henri		charron
Hennigé, sa femme	Elisabeth	née Wæschler	
Hoffmann	Thérèse.	née Breitner	
Hertzel	Jean-Adam.		cultivateur
Hoffmann	Michel		aubergiste
Heintz.	François		garçon-maréchal-ferr.
Heintz	Jacques		garçon-tisserand
Heintz	Michel		garçon-maréchal-ferr.
Heberlin.	Louise		servante
Hun	Frédéric.		tailleur d'habits
Harbauer.	Antoine.		vigneron
Heitz	Marie	fille d'Antoine.	
Heitz	Marguerite	fille d'Antoine	
Harst	Xavier		tonnelier
Hemming	N. N.		servante
Jæger	David		garçon-laboureur
Joos	George		idem
Jung	Eve-Catherine.	veuve	
Jung, sa fille.	Barbe		
Jung, sa fille	Marguerite.		
Juli	François		garçon-meunier.
Jung	Madelaine	fem. de Henri-Pierre Martin	
Juli	Sibylle..	fille	
Jœckel	Jean		garçon-journalier
Kauffmann	Henri-Jacques.		tisserand
Keicher	André		maître-d'école
Keicher, sa femme	Cather.-Anne		
Keicher, leur fille	Cather.-Anne		
Keicher, leur fils	Balthasar		
Kuntz	Ignace		journalier
Kuntz, sa femme	Marie Elisabeth	née Laurentz	
Kuntz, leur fille	Cath.-Elisabeth.		
Koch	Eve-Catherine.	femme de Valentin Ferner	
Kügel	Thomas.		garçon-tailleur
Krumholtz	Adam		tailleur
Krebs	Jean-Adam		journalier
Krebs, sa femme	Elisabeth	née Metz	

DERNIER DOMICILE		COMMUNES dans lesquelles ils ont des biens.	ÉPOQUE de leur ABSENCE.	Observations.
COMMUNES.	CANTONS.			
Jockrim . . .	Candel . . .	. . . .	6 nivôse, an 2.	
idem	idem	. . . .	idem.	déserteur.
Mindfeld . . .	idem . .	Minfeld . . .	27 décembre 1793.	
Wœrth . . .	idem . .	Wœrth . . .	idem.	
idem . .	idem . .		idem.	
Rheinzabern. .	idem . .	. . . .	23 décembre 1793.	
idem . . .	idem . .	Rheinzab., Hatzenbühl et Jockgrim	idem.	
idem . .	idem . .	Rheinzabern et Hatzenbühl. .	idem.	
Schaid. . . .	idem . .	. . . .	26 décemb. 1793.	
idem . . .	idem . .	. . . .	idem.	
idem . . .	idem . .	. . . .	idem.	
Bouxwiller . .	Bouxwiller . .	Bouxwiller . .	en 1791.	
Dosenheim . .	idem . .	Dosenheim . .	24 novemb. 1793.	
Neuwiller. . .	idem . .	Neuwiller . .	19 idem.	
idem . . .	idem . .	idem . .	idem.	
idem. . .	idem . .	idem . . .	idem.	
Blienschwiller .	Scherwiller . .	Blienschwiller .	en 1793.	
Châtenois. . .	idem . .	. . . .	idem.	
Candel . . .	Candel . . .	. . . .	6 nivôse, an 2.	
idem. . .	idem . .	. . . .	idem.	
idem . .	idem . .	. . . .	idem.	
idem . . .	idem . .	. . . .	idem.	
idem . .	idem . .	. . . .	idem.	
idem . .	idem . .	Candel et Hatzenbühl . . .	idem.	
idem. . .	idem . .	. . . .	idem.	
idem . .	idem . .	Candel et Hatzenbühl . . .	idem.	
Schaidt . . .	idem . .	. . . .	26 décemb. 1793.	
Candel . . .	idem . .	Candel. . . .	6 nivôse, an 2.	
idem . .	idem . .	idem . . .	idem.	
idem . .	idem . .	idem . . .	idem.	
idem . .	idem . .	idem . . .	idem.	
idem . . .	idem . .	idem . . .	idem.	
idem . .	idem . .	. . . .	idem.	
idem . .	idem . .	. . . .	idem.	
idem . . .	idem . .	. . . .	idem.	
idem . . .	idem . .	. . . .	idem.	
idem . . .	idem . .	Candel . . .	idem.	
idem . .	idem . .	. . . .	idem.	
Jockgrim . . .	idem . .	. . . .	mars 1793.	
idem. . .	idem . .	. . . .	idem.	

NOMS.	PRÉNOMS.	SURNOMS.	Ci-devant QUALITÉS ou PROFESSIONS.
Krebs, leur fille	Anne-Marie		
Krebs, leur fille	Eve-Catherine		
Krebs, leur fille	Elisabeth		
Krebs, leur fils	François		
Krebs, leur fille	Marie-Eve		
Kattus	Nicolas	fils de George Michel.	maréchal-ferrant
Kirchner	Adam Joseph		garçon laboureur
Kirchner	Jacq. Antoine		idem
Kirchner	Pierre		idem
Kuhn	Jean-Adam		garçon-laboureur
Keller	Jacques		écrivain
Kœnig	Marguerite		fem. d'un houssard du ci dev. régim. Saxe.
Knoblauch	Adam		chasseur d'infant. légère
Katus	Valentin		garçon-boucher.
Kœnig	André		journalier
Kœnig, sa femme	Christine	née Kuntz.	
Kœnig, leur fille	Cécile		
Kœnig, leur fils	Laurent		
Kuntz	Christine	fem. d'André Kœnig.	
Krieg	Martin		teinturier
Krieg, sa femme	Thérèse	née Gall	
Krieg, leur fille	Elisabeth		
Krieg, leur fils	Franç-Michel		
Krieg, leur fils	Jean-Philippe		
Krell	Pierre		potier.
Krell, sa femme	Marie-Anne	née Elias	
Krell, leur fille	Catherine		
Krell, leur fille	Eve		
Krell, leur fils	Jacques		
Krell, leur fille	Marguerite		
Krell, leur fils	Michel		garçon-potier
Künstler	Michel		
Künstler, sa fille	Marguerite		
Klein	Jacques	fils de Jacques.	ci-dev. volontaire du 4.e batail. de la Meuse.
Kolb	N. N.	fem. de Richard-Antoine Wolbert	
Kieffer	Jacques		vigneron
Kieffer	Anne-Marie		vigneronne
Kieffer	Catherine		idem
Kientz	Anne-Marie		idem.
Kremp	Joseph-Antoine		apothicaire
Kremp, sa femme	Elisabeth	née Schæffer	
Kœnig	François Joseph		soldat au ci-dev. régim. Dauphin, cavalerie.
Kœnig	Louis		idem
Kœnig	Antoine		idem

DERNIER DOMICILE.		COMMUNES dans lesquelles ils ont des biens.	ÉPOQUE de leur ABSENCE.	Observations.
COMMUNES.	CANTONS.			
Jockgrim	Candel		mars 1793.	
idem	idem		idem.	
idem	idem		idem.	
idem	idem		idem.	
idem	idem		idem.	
idem	idem		idem.	
idem	idem		7 avril 1793.	
idem	idem		idem.	déserteur.
idem	idem		idem.	
idem	idem		idem.	
Minfeld	idem		27 décembre 1793.	
idem	idem		idem.	
idem	idem		idem.	déserteur.
Wœrth	idem		idem.	
idem	idem	Wœrth	idem.	
idem	idem		idem.	
idem	idem		idem.	
idem	idem		idem.	
idem	idem		idem.	
Rheinzabern	idem	Rheinzabern	23 décembre 1793.	
idem	idem		idem.	
idem	idem		idem.	
idem	idem		idem.	
idem	idem		idem.	
Schaidt	idem	Schaidt	26 décembre 1793.	
idem	idem		idem.	
idem	idem		idem.	
idem	idem		idem.	
idem	idem		idem.	
idem	idem		idem.	
idem	idem		idem.	
Neuviller	Bouxwiller	Neuwiller	19 novemb. 1793.	
idem	idem	idem	idem.	
Blienswiller	Scherwiller		en 1794.	
Châtenois	idem		en 1792.	
Nothhalten et Zell	idem	Nothalten et Zell	juillet 1793.	
idem	idem	idem	juin 1793.	
idem	idem	idem	idem.	
idem	idem	idem	juillet 1793.	
Dambach	idem		en 1792.	déportés.
idem	idem		idem.	
idem	idem			
idem	idem		en 1792.	
idem	idem		en 1793.	

NOMS.	PRÉNOMS.	SURNOMS.	Ci-devant QUALITÉS ou PROFESSIONS.
Kreichel	Barbe . . .	fem. de Joseph Roth .	. . . .
Laurentz	Henri . . .	. . . .	boucher . . . . .
Laurentz, sa femme	Catherine . .	née Weber	. . . .
Laurentz	Michel . . .	. . . .	garçon-boucher. . .
Laurentz	Marie-Elisabeth	fem. d'Ignace Kuntz .	. . . .
Liebel	Frédéric-Adam.	. . . .	garde du bois principal.
Liebel, sa femme .	Eve	née Dudenhœffer. .	. . . .
et leurs sept enfans.			
Longati	Charles . . .	fils de receveur . .	. . . .
Longati	Jean-Baptiste .	. . . .	garçon-apothicaire . .
Lehmann	George Jacques.	. . . .	journalier . . . .
Lehmann	Catherine . .	née Chœner . . .	. . . .
Lehmann, leur fils	François . .	. . . .	. . . .
Lutz	Elisabeth . .	fem. d'Adam Bürckel.	. . . .
Leibeck	Jean	. . . .	garçon-journalier . .
Lange	Chrétien . .	. . . .	avocat . . . . .
Lœb	François-Joseph	. . . .	meunier . . . .
Martin	Anne-Marie .	fille de Michel . .	. . . .
Martin	Henri-Pierre .	fils de Michel. . .	. . . .
Martin	François . .	fils de Henri-Pierre .	. . . .
Martin	Françoise . .	fille de Henri-Pierre .	. . . .
Martin	Jean	fils de Henri-Pierre .	. . . .
Mehlem	Madelaine . .	fem. de Martin Picot .	. . . .
Martin	Marie-Cather. .	fem. de Chrétien Hœr- auff	. . . .
Mathias	Ignace . . .	. . . .	curé réfractaire . . .
Mecherlé	Benedicte . .	. . . .	. . . .
Mouffat	Madelaine . .	femme de Baptiste, née Walther . . .	. . . .
Mouffat, son fils .	Barthélemi . .	fils de Baptiste. . .	. . . .
Monrath	Xavier . . .	. . . .	tisserand . . . .
Mouton	Antoine. .	le jeune. . . .	cultivateur . . .
Mouton, sa femme.	Marie-Anne .	née Schiffmacher . .	. . . .
Mouton, leur enfant	N. N. . . .	. . . .	. . . .
Mayer	George . . .	. . . .	garçon-laboureur . .
Metz	Jean-Jacques .	. . . .	idem . . . .
Müller	Pierre . . .	fils de Philippe-Jacq.	idem . . . .
Metz	Elisabeth .	fem. de Thomas Krebs	. . . .
Meiter.	Jean-Michel .	. . . .	garçon-laboureur . .
Meiter	Phil. Jacques .	. . . .	idem . . . .
Metz	Marie-Eve .	femme de Franç. Phi- lippe Weigel . .	. . . .
Mültz	Christine . .	. . . .	journalière . . . .
Multz	Marguerite . .	. . . .	idem . . . .
Mehlem	François. .	. . . .	marchand . . . .
Mehlem, sa femme	Catherine . .	née Traut	. . . .
Mehlem, leur fils .	Franç. Charles .	. . . .	. . . .

DERNIER DOMICILE.		COMMUNES dans lesquelles ils ont des biens.	EPOQUE de leur ABSENCE.	Observations.
COMMUNES.	CANTONS.			
Dambach	Scherwiller		en 1792.	
Candel	Candel.	Candel	6 nivôse, an 2.	
idem	idem	Minfeld	idem.	
idem	idem		idem.	
idem	idem		idem.	
Langenberg	idem		idem	
idem	idem		idem.	
Jockgrim	idem		8 vendém. an 2.	
idem	idem		idem.	
Wœrth	idem	Wœrth au Rhin.	27 décemb. 1793.	
idem	idem		idem.	
idem	idem		idem.	
idem	idem		idem.	
Schaidt	idem		26 décembre 1793.	
Bouxwiller	Bouxwiller	Bouxwiller	19 novemb. 1793.	par rectification de la liste des émigrés, du 4 messidor, an 2.
Scherwiller	Scherwiller		mars 1792.	
Candel.	Candel.		6 nivôse, an 2.	
idem	idem		idem.	
idem	idem		idem.	
idem	idem		idem.	
idem	idem		idem.	
Vollmerswiller	idem		idem.	
Candel	idem		idem.	
idem	idem	Candel.	idem.	
idem	idem		idem.	déserteur.
idem	idem	Candel	idem.	
idem	idem	idem	idem.	
idem	idem		idem.	
idem	idem	Candel	idem.	
idem	idem		idem.	
idem	idem		idem.	
Pfortz	idem		7 nivôse, an 2.	
Hatzenbühl	idem		26 décembre 1793.	
idem	idem		idem.	
Jockgrim	idem		en mars 1793.	
idem	idem		7 avril 1793.	
idem	idem		idem.	
idem	idem		idem.	
idem	idem		6 nivôse, an 2.	
idem	idem		idem.	
Minfeld	idem	Minfeld	27 décembre 1793.	
idem	idem		idem.	
idem	idem		idem.	

C

NOMS.	PRÉNOMS.	SURNOMS.	Ci-devant QUALITÉS ou PROFESSIONS.
Mehlem, leur fils	François.		
Mehlem, leur fille	Louise		
Mehlem, leur fils	Louis		
Müller	Jacques		garçon-journalier
Müller	Jean-Léonard		garçon charron
Morel	Michel-Gabriel,		greffier de la justice de paix
Michel	Catherine		vigneronne
Metzger	André	fils de Jacques.	laboureur
Muhr	Mathias		garçon tonnelier
Meyer	Florent		soldat au ci-devant régiment d'Alsace
Noll	Jean		
Nuss	Frédéric		garçon-cordonnier
Nuss	Henri		garçon-bonnetier
Nel	André		garçon-laboureur
Nef	Régine	fem. de Jean Sommerauer	
Oswald	Balthasar		
Oswald	Marie-Elisabeth,	fille	
Picot	Jacques		garçon-laboureur
Probst	Jean		potier
Probst	Jacques		garçon-laboureur
Picot	Martin		meunier
Picot, sa femme	Madelaine	née Mehlem	
Picot, leur fille	Elisabeth		
Picot, leur fils	François		
Picot, leur fils	Jean-Baptiste		
Picot, leur fils	Jean-Martin.		
Picot, leur fille	Madelaine		
Picot, leur fils	N. N.		
Pangert	Philippe.		journalier
Pangert, sa femme	Elisabeth	née Cambeiss	
Pangert, leur fille	Catherine		
Pangert, leur fille	Chrétienne.		
Pangert, leur fils	Franç.-Michel.		
Pangert, leur fille	Françoise		
Pangert	Elisabeth	femme de François-Joseph Rauch	
Riedinger	George		journalier
Riedinger, sa femme	Barbe	née Dœrffler	
Riedinger, leur fille	Anne-Marie		
Riedinger, leur fille	Catherine		
Riedinger, leur fils	François.		garçon-journalier
Riedinger, leur fils	George		garçon-laboureur
Riedinger, leur fils	George-Jacques.		idem

DERNIER DOMICILE		COMMUNES dans lesquelles ils ont des biens.	ÉPOQUE de leur ABSENCE.	Observations.
COMMUNES.	CANTONS.			
Minfeld . . .	Candel. . . .	. . . . . .	27 décembre 1793.	
idem . . .	idem . . .	. . . . . .	idem.	
idem . . .	idem. . .	. . . . . .	idem.	
idem . . .	idem . .	. . . . . .	idem.	
Schaid . . .	idem. . .	. . . . . .	26 décemb. 1793.	
Bouxwiller . .	Bouxwiller . .	. . . . . .	24 novemb. 1793.	
Nothalten. . .	Scherwiller . .	. . . . . .	juillet 1793.	
Scherwiller . .	idem . .	. . . . . .	août 1793.	
Châtenois. . .	idem . .	. . . . . .	en 1791.	
Dambach . . .	idem . .	. . . . . .	en 1792.	
Candel . . .	Candel. . .	. . . . . .	6 nivôse, an 2.	
idem . .	idem . .	. . . . . .	idem.	
idem . .	idem. . .	. . . . . .	idem.	
Wœrth . . .	idem . .	. . . . . .	27 décembre 1793.	
idem . . .	idem . .	. . . . . .	idem.	
Candel . . .	idem . .	. . . . . .	6 nivôse, an 2.	déserteur.
idem . . .	idem. . .	. . . . . .	idem.	
idem . . .	idem. . .	. . . . . .	idem.	
idem . . .	idem. . .	Candel . . .	idem.	
idem . . .	idem . .	. . . . . .	idem.	
Volmersweiller .	idem . . .	Wolmersweiller, Freckenfeld et Minfeld . .	idem.	
idem . . .	idem . .	. . . . . .	idem.	
idem . . .	idem . .	. . . . . .	idem.	
idem . . .	idem . .	. . . . . .	idem.	
idem . . .	idem . .	. . . . . .	idem.	
idem . . .	idem . .	. . . . . .	idem.	
idem . . .	idem . .	. . . . . .	idem.	
idem . . .	idem . .	. . . . . .	idem.	
Minfeld . . .	idem . .	Minfeld . . .	27 décembre 1793.	
idem . .	idem . .	. . . . . .	idem.	
idem . .	idem . .	. . . . . .	idem.	
idem . .	idem . .	. . . . . .	idem.	
idem . .	idem . .	. . . . . .	idem.	
idem . .	idem . .	. . . . . .	idem.	
idem . .	idem. . .	. . . . . .	idem.	
Candel. . .	idem. . .	. . . . . .	6 nivôse, an 2.	
idem . . .	idem. . .	. . . . . .	idem.	
idem . .	idem. . .	. . . . . .	idem.	
idem . .	idem. . .	. . . . . .	idem.	
idem . .	idem . .	. . . . . .	idem.	
idem . .	idem . .	. . . . . .	idem.	
idem . .	idem . .	. . . . . .	idem.	

NOMS.	PRÉNOMS.	SURNOMS.	Ci-devant QUALITÉS ou PROFESSIONS.
Reicher	Eve-Marguer.	f. de Michel Schmuckel	
Reicher	George Jacques.		
Rinckel	Antoine		journalier
Rinckel, sa femme.	Anne-Marie	née Hœrauff	
Rinckel, leur fils	Antoine		
Rausch	Jacques		journalier
Rausch, sa femme	Anne-Marie	née Sennt	
Rausch, leur fille	Eve		
Rausch, leur fille	Madelaine		
Rausch, leur fils	Martin		
Rœmer	George-Jacques.		garçon-laboureur
Rappolt	Catherine	fem. d'André Ublians.	
Rinckert	George		cordonnier
Roll	Jacques		journalier
Roll, sa fille	Anne-Marie		
Roll, sa fille	Barbe		
Roll, sa fille	Cather.-Elisab.		
Roll, son fils	Laurent		
Rauch	Franç.-Joseph		cordonnier
Rauch, sa femme	Elisabeth	née Pangert	
Rauch, leur fille	Catherine		
Rauch, leur fils	Jean-Baptiste		
Rauch, leur fils	Joseph		
Rauch, leur fille	Marie Elisabeth		
Rothmann	Pierre		adjoint au maît. d'école
Rihl	Casimir		garçon-maçon
Rinck	Christophe		journalier
Rinck, sa femme	Marguerite	née Burghard	
Rinck, leur fille	Anne-Marie		
Rinck, leur fille	Elisabeth		
Rinck, leur fille	Catherine		
Rinck, leur fille	Marguerite		
Rinck, leur fils	Michel		
Rinck	Nicolas		
Roth	Gaspard		garçon-tisserand
Rauscher	André	fils de Joseph	servant le chapitre de Strasbourg.
Rauscher	N. N.	fille de Joseph	servante
Roth	Joseph		ci-dev. commandant de l'arsenal de Brisac.
Roth	Mathias	fils de Joseph	
Rehm	Pierre		musicien au ci-devant régiment Monsieur
Schmuckel	Jean	le vieux	cultivateur
Schwefel	Antoine		garçon tisserand
Schmuckel	Dorothée	fem. de George-Jacq. Hanhauser	

DERNIER DOMICILE.		COMMUNES dans lesquelles ils ont des biens.	EPOQUE de leur ABSENCE.	Observations.
COMMUNES.	CANTONS.			
Candel	Candel		6 nivôse, an 2.	
idem	idem		idem.	
idem	idem		idem.	
idem	idem		idem.	
idem	idem		idem.	
Pfortz.	idem	Pfortz.	7 nivôse, an 2.	
idem	idem		idem.	
idem	idem		idem.	
idem	idem		idem.	
idem	idem		idem.	
idem	idem		idem.	
Freckenfeld	idem		24 décembre 1793.	
idem	idem		idem.	déserteur.
Jockgrim	idem	Jockgrim	6 nivôse, an 2.	
idem	idem		idem.	
idem	idem		idem.	
idem	idem		idem.	
idem	idem		idem.	
Minfeld	idem	Minfeld	27 décembre 1793.	
idem	idem		idem.	
idem	idem		idem.	
idem	idem		idem.	
idem	idem		idem.	
idem	idem		idem.	
idem	idem	Steinfeld	idem.	
Schaid.	idem		26 décemb. 1793.	
idem	idem	Schaidt	idem.	
idem	idem		idem.	
idem	idem		idem.	
idem	idem		idem.	
idem	idem		idem.	
idem	idem		idem.	
idem	idem		idem.	
idem	idem		idem.	
idem	idem		idem.	
Châtenois.	Scherwiller		en 1792.	
idem	idem		idem.	
Dambach	idem	Dambach.	idem.	
idem	idem		idem.	
idem	idem	Dambach.		
Candel	Candel	Candel et Minfeld	6 nivôse, an 2.	
idem	idem		idem.	
Minderlachen	idem		idem.	

N O M S.	PRÉNOMS.	S U R N O M S.	Ci - devant QUALITÉS ou PROFESSIONS.
Sell	Michel		maçon
Sell, son fils.	Antoine.		garçon-maçon
Sell, son fils.	Michel		garçon-laboureur
Schweisguth.	Catherine	fem. de Joseph Wendel	
Schweisguth.	Elisabeth	fem. de Pierre Wentz	
Sell	Anne-Marie	femme de Henri Butscher	
Seiler	Jean-George		garçon-journalier
Seiler	Michel		garçon-laboureur
Sell	Elisabeth	fem. de George Stricker	
Stricker	Elisabeth	née Sell	
Stricker, son fils	George-Adam	fils de George.	
Stricker, sa fille.	Marie-Barbe	fille de George.	
Schorlé	George		forestier
Schorlé, sa femme.	Madelaine		
Schorlé, leur fille	Sybille		
Schorlé, leur fils	Pierre		
Schorlé, leur fils	Antoine		
Schorlé, leur fille	Madelaine		
Stroh	François-André		chapelier.
Stroh, sa femme.	Louise		
Stroh, leur fils.	François.		garçon-journalier
Stroh, leur fille	Henriette		
Stroh, leur fils	Joseph		garçon-journalier
Stroh, leur fille	Louise		
Stroh, leur fille	Marie-Anne		
Schiffmacher	Marie-Anne	fem. d'Antoine Mouton, le jeune	
Schultz	Barbe	fem. de Conrad Vollmer	
Schultz	Barbe	fille	
Schultz	Catherine	idem	
Schultz	Marie-Eve	idem	
Schmuckel	Jean	le jeune.	tisserand
Schmuckel, sa femme	Marie-Eve	née Getto	
Schmuckel, leur fille	Marie-Eve		
Schmuckel	Michel		cultivateur
Schmuckel, sa femme	Eve-Marguer.	née Reicher	
Schmuckel, leur fils	Antoine		
Schmuckel, leur fils	Jean		
Schmuckel, leur fils	Laurent.		
Schmuckel, leur fille	Marguerite		
Sell	Anne-Barbe	fem. de Michel-Glauck	
Sennt	Anne-Marie	fem. de Jacq. Rausch	
Sennt.	Henri		garçon-laboureur
Scherer	Joseph		idem

| DERNIER DOMICILE | | COMMUNES dans lesquelles ils ont des biens. | ÉPOQUE de leur ABSENCE. | Observations. |
COMMUNES.	CANTONS.			
Candel	Candel	Candel	6 nivôse, an 2.	
idem	idem		idem.	
idem	idem		idem.	
idem	idem		idem.	
idem	idem		idem.	
idem	idem		idem.	
idem	idem		idem.	
idem	idem		idem,	
idem	idem	Candel	idem.	
idem	idem	idem	idem.	
idem	idem		idem.	
idem	idem		idem.	
idem	idem		idem.	
idem	idem		idem.	
idem	idem		idem.	
idem	idem		idem.	
idem	idem		idem.	
idem	idem		idem.	
idem	idem		idem.	
idem	idem		idem.	
idem	idem		idem.	
idem	idem		idem.	
idem	idem		idem.	
idem	idem		idem.	
idem	idem		idem.	
idem	idem		idem.	
idem	idem	Candel	idem.	
idem	idem		idem.	
idem	idem		idem.	
idem	idem		idem.	
idem	idem	Candel	idem.	
idem	idem		idem.	
idem	idem		idem.	
idem	idem	Candel	idem.	
idem	idem		idem.	
idem	idem		idem.	
idem	idem		idem.	
idem	idem		idem.	
idem	idem		idem.	
Minderlachen	idem		idem.	
Pfortz	idem		7 nivôse, an 2.	
idem	idem		idem.	
idem	idem		idem.	

NOMS.	PRÉNOMS.	SURNOMS.	Ci-devant QUALITÉS ou PROFESSIONS.
Sitter	George-Adam		journalier
Sitter	Jean-Jacques		idem
Schwein	Chrétien		cultivateur
Schehr	George-Michel		garçon-menuisier
Schwein	Jean-Adam		garçon-laboureur
Schwein	Joseph	fils de François	idem
Schwein	Phil. Jacques		cultivateur
Schwein	Valentin		étudiant
Schloss	Chrétien		garçon-laboureur
Schloss	Charles-Joseph		idem
Schloss	George-Ant.		idem
Schloss	George-Ant.		idem
Singlang	Françoise	fille	journalière
Schæffer	Régine	femme de Jean Cambeiss	
Stephani	Jean		garçon laboureur
Schœner	Marie-Elisabeth	fille	journalière
Schœner	Christine	idem	idem
Seiffert	Jean-Adam		garçon-maçon
Stoffler	Martin		cultivateur
Stoffler, sa fille	Christine		
Stoffler, son fils	Jean		garçon-laboureur
Stoffler, son fils	Laurent		idem
Sommerauer	Jean		journalier
Sommerauer, sa femme	Régine	née Nef	
Sommerauer, leur fille	Hélène		
Sommerauer	Marie-Elisabeth	fille	journalière
Schmuck	André		maître d'école
Schehr	George-Joseph		garçon-tisserand
Schimpf	Adam		garçon-journalier
Schimpf	François		idem
Schimpf	Jean		idem
Stripf	Jean		idem
Schneider	Antoine		
Schaller	Joseph	fils de Jacques	
Schaller	Michel	fils du même	
Schlosser	George	fils de Franç. Antoine	écrivain
Schilling	Marie-Anne	femme de François-Joseph Hurst	
Schultz	Pierre	fils de François	
Schultz	Mathias	fils de George	
Schilling	Bonaventure		
Schaal	Pierre		ex-curé
Schweingruber	Joseph		canonier au ci-dev. régiment de Strasbourg.
Stampff	Marie-Anne		couturière
Stampff	Ottile		idem
Spiegel	Antoine	fils de Joseph	tailleur

DERNIER DOMICILE.		COMMUNES dans lesquelles ils ont des biens.	ÉPOQUE de leur ABSENCE.	Observations.
COMMUNES.	CANTONS.			
Hatzenbühl	Candel		26 décembre 1793.	
idem	idem	Hatzenbühl	idem.	
Jockgrim	idem	Jockgrim	6 nivôse, an 2.	
idem	idem		25 mai 1793.	
idem	idem		7 avril 1793.	
idem	idem		6 nivôse, an 2.	
idem	idem	Jockrim	idem.	
idem	idem		en 1791.	
idem	idem		7 avril 1793.	
idem	idem		6 nivose, an 2.	
idem	idem		idem.	
idem	idem		7 avril 1793.	
Minfeld	idem		27 décembre 1793.	
idem	idem		idem.	
Wœrth	idem		idem.	
idem.	idem		idem.	
idem	idem		idem.	
idem.	idem		idem.	
idem.	idem	Wœrth	idem.	
idem,	idem		idem.	
idem	idem		idem.	
idem.	idem		idem.	
idem	idem		idem.	
idem	idem		idem.	
idem	idem		idem.	
idem	idem		idem.	
Schaidt	idem		26 décemb. 1793.	
idem	idem		idem.	
idem	idem		idem.	
idem	idem		idem.	
idem	idem		idem.	
Lixhausen	Bouxwiller		25 novemb. 1793.	
Neuwiller	idem	Neuwiller	19 novemb. 1793.	
idem	idem	idem	idem.	
Blienschwiller	Scherwiller		7 juin 1791.	
idem	idem	Blienswiller	en 1793.	déserteur.
idem	idem	idem	en 1794.	déserteur.
idem	idem	idem	idem.	
idem	idem		idem.	
Orschwiller	idem	Orschwiller	16 septemb. 1792.	
Scherwiller	idem	Scherwiller	en 1790.	
idem	idem		août 1793.	
idem	idem		idem.	
idem	idem		idem.	

D

NOMS.	PRÉNOMS.	SURNOMS.	Ci-devant QUALITÉS ou PROFESSIONS.
Sermonet.	Mathias.	fils d'Étienne.	tailleur
Schæffer	Élisabeth	fem. de Joseph Kremp.	
Schæffer	Michel		écrivain
Schomas	Henri		marchand
Schomas	Joseph		marchand
Schæffel	Joseph		chirurgien
Schmeltz.	Florian		
Trimbour	André		tailleur
Trimbour	Jean.		tailleur
Thomas	Jean.		garçon-brasseur.
Thomas	Philippe-Jacq.		garçon-sellier
Traut.	Catherine	fem. de François Meh-lem	
Thomas	André		garçon-journalier
Trapp.	George		idem
Tresch.	Jean-Didier.		idem
Trener	Valentin		maitre-d'école
Trener, sa femme	Anne-Eve.	née Wolff.	
Trener, leur fils.	Antoine.		
Trener, leur fils	Chrétien		
Trener, leur fille	Marie-Josèphe.		
Trener, leur fille	Marie-Eve.		
Trener, leur fils	Valentin		
Troye.	Charles		officier au ci-dev. régiment du Roi.
Ubhaus	André		menuisier
Ubhaus, sa femme.	Catherine	née Rappolt	
Ubhaus, leur fille.	Anne-Marie		
Ubhaus, leur fille.	Catherine		
Ubhaus, leur fils	Louis		
Ubhaus, leur fils	Vendel.		
Ulrich.	Balthasar		soldat au ci-dev. régim. du Roi
Volmer	Barbe	née Schultz	
Volmer	Jean-Adam	fils de Philippe	garçon-tisserand
Vœgelé	Frédéric.		chasseur
Vollmer	George		tisserand
Vogelin	Catherine	fille	journalière
Vogelin, sa fille.	Catherine		
Vogelin, sa fille.	Elisabeth		
Vogelin, sa fille	Eve		
Vogel.	Jean-Michel		garçon-tailleur
Vogeleisen	Jean-Jacques		cultivateur
Welcker.	François		fiscal
Welcker, sa femme			
Welcker, leur fils	François		

DERNIER DOMICILE		COMMUNES dans lesquelles ils ont des biens.	ÉPOQUE de leur ABSENCE.	Observations.
COMMUNES.	CANTONS.			
Dambach	Scherwiller . .	Dambach . . .	en 1792.	
idem . . .	idem.			
idem . . .	idem. . . .	. . . .	en 1793.	
idem . . .	idem. . . .	. . . .	en 1792.	
idem . . .	idem. . . .	. . . .	idem.	
idem . . .	idem. . . .	. . . .	idem.	
Erstein . . .	Erstein	. . . .	idem.	déserteur.
Bourbach. . .	Wolff-kirchen .	. . . .	août 1793.	
idem . .	idem. . .	. . . .	idem.	
Hatzenbühl . .	Candel . . .	Hatzenbühl . .	au commencem. de la révolution.	
idem. . .	idem. . .	idem	26 décemb. 1793.	
Minfeld . . .	idem. . . .	. . . .	27 décembre 1793	
Schaid. . . .	idem. . . .	. . . .	26 décembre 1793.	
idem . . .	idem. . . .	. . . .	idem.	
idem . . .	idem. . . .	. . . .	idem.	
Jockgrim . . .	idem. . . .	. . . .	7 avril 1793.	
idem . . .	idem. . . .	. . . .	6 nivôse, an 2.	
idem . .	idem. . . .	. . . .	idem.	
idem . .	idem. . . .	. . . .	7 avril 1793.	
idem . .	idem. . . .	. . . .	6 nivôse, an 2.	
idem . . .	idem. . . .	. . . .	idem.	
idem . .	idem. . . .	. . . .	idem.	
Dambach . . .	Scherwiller . .	Dambach . . .	en 1792.	
Freckenfeld . .	Candel . . .	Freckenfeld . .	24 décembre 1793.	
idem . .	idem. . . .	. . . .	idem.	
idem . .	idem. . . .	. . . .	idem.	
idem . .	idem. . . .	. . . .	idem.	
idem . .	idem. . . .	. . . .	idem.	
idem . . .	idem. . . .	. . . .	idem.	
Dambach. . .	Scherwiller . .	Dambach . . .	en 1792.	
Candel. . . .	Candel . . .	Candel. . .	6 nivose, an 2.	
idem . .	idem. . . .	. . . .	idem.	
Hatzenbühl . .	idem. . . .	. . . .	26 decembre 1793.	
Freckenfeld . .	idem. . .	Freckenfeld . .	24 décembre 1793.	
Wœrth . . .	idem. . . .	. . . .	27 décembre 1793	
idem . .	idem. . . .	. . . .	idem.	enf. nés hors du mariage, dont le père est inconnu
idem . .	idem. . . .	. . . .	idem.	
idem . .	idem. . . .	. . . .	idem.	
Schaid . . .	idem. . . .	. . . .	26 decembre 1793.	
Dambach. . .	Scherwiller . .	Dambach . . .	en 1792.	
Candel . . .	Candel . . .	Candel . . .	6 nivôse, an 2.	native deColmar Dép. du Haut-Rhin.
idem . . .	idem. . .	. . . .	idem.	
idem . . .	idem. . .	. . . .	idem.	

NOMS.	PRÉNOMS.	SURNOMS.	Ci-devant QUALITÉS ou PROFESSIONS.
Welcker, leur fils	Joseph		
Welcker, leur fille	Madelaine		
Wilmayer	Marie-Barbe	fem. de Jean Dœrffler.	
Weber	Nicolas		tisserand.
Weber, son fils	Jean-Nicolas		
Weber, son fils	Jean-Henri		
Weber	Gaspard		garçon tisserand
Weber	Catherine	fem. de Henri Laurentz	
Weber	Christophe		journalier
Weber	Dominique		tisserand.
Weber	Mathieu		journalier
Walther	Madelaine	fem. de Baptiste Mouf-fat.	
Wentz	Pierre		journalier
Wentz, sa femme	Elisabeth	née Schweisguth.	
Wentz, leur fils	Antoine		
Wentz, leur fille	Anne-Marie		
Wentz, leur fille	Dorothée		
Wentz, leur fils	Jean		
Wendel	Joseph		chapelier.
Wendel, sa femme	Catherine	née Schweisguth.	
Wingerter	Antoine		
Wirbel	Chrétien		berger
Weiss	Jean		garçon-cordonnier
Wolff	Michel	le vieux	tisserand
Wolff, sa femme	Marie Elisabeth	née Haaf	
Wolff, leur fille	Anne-Marie		
Wolff, leur fille	Catherine-Barbe		
Wolff, leur fils	Jean-Joseph		garçon-tisserand.
Wolff, leur fils	Jean-Michel		idem.
Wolff	Jean-Michel	le jeune	tisserand
Wolff, sa femme	Hélène	née Centner	
Wolff, leur fils	Jean-Michel		
Walthauer	Elisabeth	fille	
Werling	George		garçon-laboureur
Werling	Jean-Adam		idem
Werling	Jean-Adam	fils de Gaspard	idem.
Werling	Jean-Adam	fils de Jean	idem.
Weiss	Anne-Marie	fille	
Wæschler	Elisabeth	fem. de Henri Hennigé	
Wünschel	André		gendarme
Wünschel, sa femme	Salomé		
Wünschel, leur fils	André		
Wünschel, leur fille	Marie-Eve		
Weigel	Marie-Eve	née Metz	
Welcker	Corneille		garçon-maçon
Weixel	George Martin		garçon-laboureur
Werner	George-Michel		garçon-charron.

DERNIER DOMICILE.		COMMUNES dans lesquelles ils ont des biens.	ÉPOQUE de leur ABSENCE.	Observations.
COMMUNES.	CANTONS.			
Candel	Candel		6 nivóse, an 2.	
idem.	idem.		idem.	
idem.	idem.		idem.	
idem.	idem.	Candel	idem.	
idem.	idem.		idem.	
idem.	idem.		idem.	
idem.	idem.		idem.	
idem.	idem.	Minfeld	idem.	
idem.	idem.		idem.	
idem.	idem.		idem.	
idem.	idem.		idem.	
idem.	idem.	Candel.	idem.	
idem.	idem.	Hatzenbühl	idem.	
idem.	idem.		idem.	
idem.	idem.		idem.	
idem.	idem.		idem.	
idem.	idem.		idem.	
idem.	idem.		idem.	
idem.	idem.		idem.	
idem.	idem.		idem.	
idem.	idem.		idem.	
idem	idem.	Candel	idem.	
idem	idem.		idem.	
idem.	idem.	Candel.	idem.	
idem	idem.		idem.	
idem.	idem.		idem.	
idem.	idem.		idem.	
idem.	idem.		idem.	
idem.	idem.		idem.	
idem.	idem.	Candel	idem.	
idem.	idem.		idem.	
idem.	idem.		idem.	
Pfortz.	idem.		7 nivóse, an 2.	
Hatzenbühl.	idem.		26 décembre 1793.	
idem.	idem.		idem.	
idem.	idem.		idem.	
idem.	idem.		idem.	
Minfeld	idem.		27 décemb. 1793.	
Wœrth	idem.		idem.	
Rheinzabern.	idem.		23 décembre 1793.	
idem.	idem.		idem.	
idem.	idem.		idem.	
idem.	idem.		idem.	
Jockrim	idem.		7 avril 1793.	
idem.	idem.		6 nivóse, an 2.	
idem.	idem.		idem.	déserteur.
idem.	idem.		7 avril 1793.	déserteur.

NOMS.	PRÉNOMS.	SURNOMS.	Ci-devant QUALITÉ ou PROFESSIONS.
Wecker	Michel-Antoine		garçon-laboureur
Weick	Marguerite	fille	
Werner	Phil. Jacques		garçon-laboureur
Wingerter	Pierre		garçon-tisserand
Wolff	Anne-Eve	femme de Valentin Trener	
Welsch	George		carabinier
Welsch	Jean		idem
Wagner	François-Ant.		
Wilhelm	N. N.	fils de Nicolas.	soldat au 5.e régiment d hussards
Wach	Wendelin		aubergiste
Wolbet	George	fils d'Antoine.	adjudant des charrois.
Wolbert	Richard-Ant.	fils de Henri	receveur forestal
Wolbert, sa femme	N. N.	née Kolb	
Wickenhauser	Louis		soldat au ci-devant régiment Dauphin.
Xaver	Nicolas		
Zick	Michel		maçon
Zahn	Fréderic		médecin
Zahn, sa femme	N. N.		
Zahn, leur fille	Catherine		
Zick	Chrétien		garçon-maçon
Ziegler	Valentin		maçon
Ziegler, sa femme	Elisabeth	née Brotz	
Zæpffel	Franç. Joseph		ci-devant officier au régiment du Roi
Zæpffel	Franç. Joseph		cultivateur
Zæpffel	Michel	fils de Joseph.	soldat au 4.e régiment d hussards

SONT en conséquence toûtes leurs propriétés confisquées au profit de la République, pour être vendues et aliénées conformément aux lois. Celles de leurs pères et mères seront, sur-le-champ, séquestrées si fait n'a été, sauf à eux à se conformer aux lois des 9 Floréal an 3 et 20 Floréal an 4. Seront également séquestrées toutes les propriétés possédées par indivis avec lesdits émigrés, et vendues en totalité dans les trois mois de la publication des présentes, conformément à l'article 96 de la loi du 1.er Floréal an 3, si à l'expiration de ce délai les co-propriétaires n'ont pas produit et déposé leurs

DERNIER DOMICILE.		COMMUNES dans lesquelles ils ont des biens.	ÉPOQUE de leur ABSENCE.	Observations.
COMMUNES.	CANTONS.			
Jockrim . . .	Candel . . .	. . . .	7 avril 1793.	
idem. . .	idem. . . .	. . . .	6 nivóse, an 2.	
idem. . .	idem. . . .	. . . .	. . . . . .	déserteur.
idem. . .	idem. . . .	. . . .	. . . . . .	déserteur.
idem. . .	idem. . . .	. . . .	6 nivóse, an 2.	
Bouxwiller . .	Bouxwiller . .	Bouxwiller . .	19 novemb. 1793.	
idem. . .	idem. . .	idem. . .	. . . . . .	
Blienschwiller .	Scherwiller .	. . . .	en 1793.	déserteur.
idem. . .	idem. . . .	. . . .	. . . . . .	déserteur.
Nothalten. . .	idem. . . .	Nothhalten et Zell	en octobre 1793.	
Châtenois. . .	idem. . . .	. . . .	en 1793.	
idem. . .	idem. . . .	Châtenois. . .	en 1792.	
idem. . .	idem. . . .	. . . .	idem.	
Dambach. . .	idem. . . .	. . . .	en 1793.	
Candel . . .	Candel. . . .	. . . .	6 nivóse, an 2.	
idem. . .	idem. . .	Candel. . . .	idem.	
idem. . .	idem. . . .	. . . .	idem.	
idem. . .	idem. . . .	. . . .	idem.	
idem. . .	idem. . . .	. . . .	idem.	
idem. . .	idem. . . .	. . . .	idem.	
Wœrth . . .	idem. . . .	. . . .	27 décembre 1793.	
idem. . .	idem. . . .	. . . .	idem.	
Dambach. . .	Scherwiller . .	Dambach . . .	en 1792.	
idem. . .	idem. . .	idem . . .	en 1793.	
idem. . .	idem. . . .	. . . .	en 1794.	

titres ou justifié de leurs qualités aux Administrations municipales de la situation des biens.

Il est enjoint à tous dépositaires publics et particuliers, fermiers, comptables et débiteurs de créances appartenant aux individus compris dans cette liste, d'en faire leur déclaration à l'Agent municipal de leur résidence ou Administration municipale de leur canton dans la décade de la publication des présentes, à peine d'être condamnés par voie de police correctionnelle à une amende égale à la valeur des sommes ou des objets non déclarés, d'après les dispositions de l'article 7 de la loi du 26 Frimaire an 2.

Les créanciers desdits émigrés ne seront tenus de faire le dépôt de leurs titres de créances et pièces justificatives à l'Administration centrale du Département, que dans le délai de quatre mois à partir de la publication de la liste générale, où leurs débiteurs seront portés; mais passé ce délai ils seront déchus de leurs créances, conformément à l'article 11, titre 2 de la loi du 1.er Floréal an 3.

Les Administrations municipales demeurent chargées et tous les vrais citoyens invités à dénoncer, conformément à l'article 8 du titre 3 de la loi du 25 Brumaire an 3, les émigrés omis dans cette liste ou les précédentes, quoiqu'ils ne possèdent aucuns biens. Elles seront tenues de transmettre ces dénonciations et renseignemens au Département, pour y être de suite statué.

Elles feront, dans la décade, publier et afficher cette liste dans le chef-lieu du canton.

Il en sera adressé des exemplaires aux Ministres des Finances et de la Police générale, au Directeur de l'enregistrement, aux Tribunaux et Juges-de-paix de ce Département.

Fait et arrêté par nous Administrateurs du Département du Bas-Rhin, le 13 Ventôse, an 5 de la République française, une et indivisible.

Signé: C. BARBIER, Président; TREIBER, LENTZ, HÜBSCHMANN, LIECHTLÉ, Administrateurs; ANDRÉ, Commissaire du Directoire exécutif; et FIESSE, Secrétaire-général.

A STRASBOURG,
De l'imprimerie de Levrault, Impr. du Départ. du Bas-Rhin.